AF338859

LA VIE ET LES ŒUVRES

DE

M. L'ABBÉ RAVEL

SAINT-ÉTIENNE. IMP. FREYDIER ET Cie, RUE DE LA BOURSE, 2.

LA VIE ET LES ŒUVRES

DE

M. L'ABBÉ RAVEL

Chanoine d'honneur, Curé de Saint-Didier-la-Séauve.

PAR

L'abbé J.-M. CHAUSSE

Avec approbation de l'Autorité ecclésiastique.

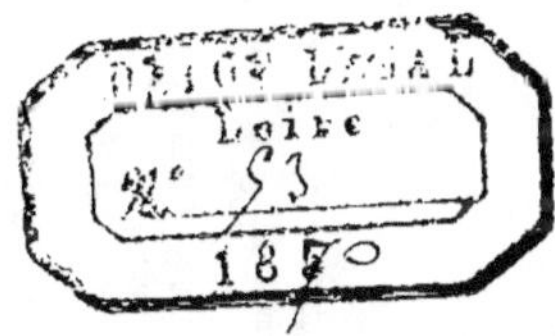

<table>
<tr><td style="text-align:center">LYON
P.-N. JOSSERAND, LIBRAIRE
Place Bellecour, 3.</td><td style="text-align:center">SAINT-ETIENNE
PASTEUR, LIBRAIRE
Rue Froide, 14.</td></tr>
</table>

SAINT-ETIENNE

IMPRIMERIE DE J.-M. FREYDIER ET Cie

Rue de la Bourse, 2, angle de la rue d'Arcole.

1870.

LA VIE ET LES ŒUVRES

DE

M. L'ABBÉ RAVEL

CHANOINE D'HONNEUR, CURÉ DE SAINT-DIDIER-LA-SÉAUVE

I

M. l'abbé Claude Ravel, curé de Saint-Didier-la-Séauve, chanoine d'honneur du Puy, mort le 21 mars 1870, naquit le 7 janvier 1793, à Malzaure, pauvre village de la paroisse de Saint-Victor-Malescours, d'une famille de laboureurs, plus recommandable par ses vertus que par sa position sociale.

C'était l'heure des sanglantes épreuves. La religion pleurait autour des temples fermés ou profanés; elle pleurait dans les sanctuaires improvisés dans quelque maison isolée et sûre, où quelques confesseurs de la foi ne craignaient pas d'appeler les fidèles. Les prêtres de ces pays de foi, Marlhes, Jonzieux, Saint-Just-Malmont, Saint-Romain-Lachalm, Saint-Didier, Saint-Pal-de-Mons, Riotord, Dunières, Tence, etc., avaient en grand nombre, à la douloureuse sécurité de l'exil, préféré les périls du dévouement. Ils étaient restés à leur poste, sous la menace de la mort.

Le jeune enfant qui venait de naître fut baptisé à Marlhes, dans une maison particulière, par M. l'abbé Alirot, ancien curé de cette paroisse, l'un de ces prêtres courageux.

C'est ainsi que les bénédictions du Ciel furent appelées sur son berceau.

Sa plus tendre enfance s'éleva au milieu de la persécution. Les prêtres proscrits, cachés durant le jour dans des masures abandonnées ou chez de nobles paysans qui se disputaient l'honneur de les abriter sous leur toit, n'hésitaient jamais à quitter leur retraite, quelques dangers qu'ils courussent, lorsqu'ils étaient appelés à remplir les devoirs de leur charitable ministère. Les fidèles s'en allaient pendant la nuit, à travers d'étroits sentiers, au rendez-vous de la prière et du sacrifice : c'était une pauvre chaumière, une grange déserte. Là, au milieu des terreurs et des angoisses, se consolaient les âmes, se réconfortaient les cœurs, s'administraient les Sacrements, se célébraient les saints mystères. On priait pour les défunts de la veille, pour les morts du lendemain, pour la paix et la liberté de l'Eglise.

Au foyer domestique, on retraçait les émouvants détails de ces assemblées de chrétiens. On s'exaltait à souffrir à la pensée des souffrances endurées. Le jeune Ravel recueillit ces touchants et impérissables souvenirs, et ces fortes impressions, si propres à faire pénétrer la foi dans le cœur d'un enfant, furent sa première éducation religieuse.

Dieu forme à la grande école du sacrifice les hommes dont il a besoin. Les premières années de M. Ravel furent pénibles, loin d'être entourées des soins dont on aime à voir jouir l'enfant qui entre dans le chemin de la vie. Il perdit ses parents et fut orphelin de bonne heure. Ainsi que ses sœurs, il fut confié aux soins d'un tuteur, son parent, M. Ravel, homme plein de dévouement, mais obligé de demander sa vie quotidienne à un rude labeur. Son pupille fut associé à ses occupations, et, bien jeune, il porta le poids de la fatigue des travaux de la campagne.

Sa première instruction ne fut pas très-brillante. L'enfant, suffisamment doué du côté de l'intelligence, commença d'étudier, à Saint-Victor-Malescours, chez un maître d'école, qu'on surnommait *Sans-Bras*, à cause de l'infirmité dont il s'était trouvé affligé en naissant, et qui ne l'avait pas empêché d'arriver à une certaine culture d'esprit.

La piété et l'amour de Dieu étaient déjà dans son cœur. Plein de dégoût pour le monde, il nourrissait en son âme le désir de se consacrer tout entier à Dieu, mais il était obligé de contribuer par son travail à élever ses sœurs moins âgées que lui de quelques années.

Il ne put commencer ses études qu'à l'âge où d'autres les ont presque terminées. Il avait déjà plus de 17 ans, lorsqu'en 1810, il entra au petit séminaire de Verrières. Les classes inférieures de cet établissement se faisaient alors à Roche; et c'est là que le jeune Ravel passa trois années. Humble, laborieux, grave, plein de foi, il sut se concilier une estime profonde, un véritable respect. Aucun de ses camarades n'eût osé en sa présence se permettre une parole déplacée.

Jusqu'à ses derniers moments, il se rappelait avec plaisir les condisciples qu'il avait eus à Roche. Il se plaisait à se procurer un *Ordo* lyonnais, afin de les suivre dans les positions qu'ils occupaient. La bonté de son cœur se révèle dans ces petits détails.

Il passa l'année 1813-14, avec un de ses amis et de ses compatriotes, M. Peyrard, chez un maître particulier au Puy. Il sentait qu'il avait besoin de leçons spéciales pour être plus facilement en état de commencer sa philosophie.

Il entrait au grand séminaire du Puy au mois d'octobre 1814. Il ne put y rester longtemps ; à l'approche des armées étrangères, les étudiants en théologie durent quitter cet établissement.

Le séjour qu'il fit dans la famille de son tuteur fut de courte durée. Afin d'alléger les charges qu'il allait imposer à ce foyer bienveillant, il reprit le joug plus lourd du travail.

Se destinant provisoirement à l'industrie des rubans, il prit des leçons de dessin à Saint-Romain chez un praticien habile, et bientôt il était reçu en qualité d'employé chez M. Boggio, fabricant de rubans à Saint-Etienne. Ce négociant occupait la maison portant actuellement le n° 10, dans la rue de la Loire, dont il était propriétaire. Son commerce était très-étendu et il le dirigeait avec beaucoup d'intelligence.

M. Boggio avait l'esprit des affaires et il était doué d'une rare sagacité. Dès les premiers jours, M. Ravel lui plut et il comprit le prix que l'on pouvait attacher à un pareil jeune homme, qui apportait dans toutes les affaires une constante et consciencieuse application. Il lui donna toute sa confiance et le mit à la tête d'une succursale importante qu'il avait établie à Lyon.

M. Ravel rappelait quelquefois des épisodes de sa vie de commis.

Ainsi, au moment de l'invasion et à l'approche des Autrichiens, commandés par le prince de Cobourg-Gotha, M. Boggio avait enfoui dans sa cave des sommes considérables d'or et d'argent, renfermées dans des seaux. Après le départ des armées étrangères, son employé fut chargé de déterrer ce précieux dépôt. C'est encore pendant qu'il gouvernait la succursale de Lyon qu'il dût continuer, dans le Nord et l'Ouest de la France, la tournée d'un représentant de la maison Boggio, tombé subitement malade.

On peut dire que M. Ravel n'eût pas de jeunesse. Au milieu du monde, où ses occupations le retenaient, le devoir ne cessa d'être sa loi suprême ; il l'observait, il l'aimait, et les habitudes de sa pensée se reflétaient dans son maintien grave et austère. Lancé dans le tourbillon des affaires, il n'avait que des paroles calmes et mûres, et il ne se proposait que des desseins sérieux, dont le plus arrêté de tous était de servir Dieu et l'Eglise par une confession constante et publique de sa foi. Il ne put vivre plusieurs années dans la société sans apprendre à la connaître, sans sonder le fond du cœur humain. Par sa vie toujours pure et sévère, il s'était préservé du spectacle des dernières ignominies; mais le mensonge, l'égoïsme, la servilité, l'ingratitude, la soif des plaisirs, la soif de l'or, il les avait vus; il n'ignorait pas l'existence du mal. Il n'en aima que davantage le bien, et veilla d'autant plus rigoureusement sur lui, se faisant une loi plus étroite de ne point abaisser en son cœur droit et fier la dignité de l'homme et du chrétien. Pour s'éloigner de la pente commune, il poussait plutôt jusqu'à l'exagération tout ce qui était délicatesse, honneur et vertu.

Il avait des principes sûrs, une raison droite qu'il éclairait et qu'il fortifiait par l'observation.

Cependant, ce jeune homme, un modèle par la régularité de sa conduite, déjà rompu aux affaires, honoré de l'estime de son patron et de ceux qui le connaissent, jouissant d'une solide position, n'est pas satisfait. Sa vie est pleine de sève et riche d'espérance; l'avenir est devant lui. Le moment venu, il pourra déblayer les obstacles de sa route et marcher intrépidement vers une fructueuse carrière. N'importe, il aspire à d'autres luttes; il ne veut pas laisser sa vie en fleur se perdre dans l'air vicié de la société. Il éprouve un secret désir de se retirer du monde, et de revêtir de nouveau la livrée de Jésus-Christ. Il se sent le besoin du dévouement. Il a vingt-quatre ans, et il se demande à lui-même avec anxiété ce qu'il a fait pour l'éternité; est-ce là, se répète-t-il, cette ardeur des saints qui nous crient :

« Cherchez d'abord le royaume de Dieu, et le reste
« vous sera donné par surcroît. »

Rappelé sans cesse au-dedans de lui-même par ces graves pensées qui ne le quittaient point, il examinait ses désirs et il se reprenait à n'aimer que la vie sacerdotale. Quand sa décision était prise, il fut encore retenu quelque temps par l'humble sentiment qu'il avait de lui-même.

Enfin, ses hésitations cessèrent, et, au mois d'octobre 1817, il rentrait au grand séminaire du Puy. Tout entier à la grande pensée de sa vocation, il vivait de la foi et en animait toutes ses actions. Fidèle à tous les points du règlement, on le voyait se rendre le premier à tous les exercices. Il ne négligeait aucune pratique de piété, aucun moyen de sanctification. Respectueux envers les directeurs du séminaire, il était bon et simple avec ses confrères. Il s'étudiait à passer complètement oublié et inaperçu.

Tous ceux qui l'ont connu, pendant les cinq années qu'il resta au grand-séminaire du Puy, ont conservé de lui un souvenir plein d'estime. La plupart d'entre eux ont continué jusqu'à sa mort à lui donner des témoignages d'une honorable affection.

À un jugement sûr, à un esprit sain et ferme, il unissait le travail. Il se livra avec la plus vive ardeur à l'étude de la théologie et de l'Ecriture-Sainte. Les directeurs, justes appréciateurs de sa science et de sa vertu, lui confièrent les fonctions de maître de conférence. Ce témoignage d'estime et de confiance indique qu'il s'était fait connaître avantageusement.

Ce fut au mois de juin 1822 que M. l'abbé Ravel fut promu à la prêtrise. Il était âgé de 29 ans. Il allait revenir dans le monde avec le caractère sacerdotal. Dans cette circonstance solennelle de sa vie, il promit à Dieu de garder les saintes habitudes du séminaire et de se faire un règlement dans lequel entreraient les mêmes exercices, c'est-à-dire l'étude, l'oraison, l'examen particulier, la lecture spirituelle, le chapelet, etc. Ceux qui l'ont vu de près peuvent dire s'il fut fidèle à ses résolutions. Elles étaient le fruit de longues et profondes méditations ; il les maintint avec une admirable piété et les accomplit généreusement pendant toute sa vie.

II

Dès la fleur de son sacerdoce, il fut nommé vicaire à Dunières. Cette paroisse importante devint le premier théâtre de ses travaux et le noviciat de son ministère paroissial.

Désormais sa vie n'eût qu'un but, la gloire de Dieu par le salut des âmes. Aussi, l'estime s'éveilla promptement autour de lui et est demeurée partout où il a passé.

Par une disposition favorable de la Providence, son premier Curé, qui devint vite son ami, fut M. l'abbé Avond, de douce et sainte mémoire. Il y avait entre ces deux prêtres des ressemblances morales que leur fidèle intimité rendait chaque jour plus frappante : c'était deux grands cœurs bien faits pour se comprendre. Tous deux pleins de zèle et de foi, dépourvus de toute ambition, de toute recherche d'intérêt ou d'amour-propre, mais riches de piété, de dévouement et de vertu.

L'un, au déclin de la vie, vivait entouré de vénération, ayant devant le Seigneur une glorieuse couronne de mérites ; l'autre, au début de sa jeunesse sacerdotale, développait, en les exerçant, les qualités naturelles de son âme, la foi, la bonté, la charité, sous l'influence des grandes vertus dont il était le témoin et l'admirateur.

L'amitié de ces deux prêtres ne faisait que donner un plus grand charme à leur ministère. En même temps que M. l'abbé Avond et son vicaire mettaient en commun leur zèle, ils inspiraient l'esprit de foi à tout ce qui les entourait.

Ces deux prêtres, unis dans le bien, ne sont point entièrement séparés dans la reconnaissance publique, et les vieillards de la paroisse de Dunières, en se rappelant leur saint Curé, n'oublient point le vicaire qui le secondait de tout son pouvoir.

M. l'abbé Avond le choisit pour son exécuteur testamentaire ; il lui accorda ainsi la consolation et l'honneur d'être, après sa mort, le ministre de ses résolutions charitables.

En 1835, la cure de Riotord étant devenue vacante, par la nomination de M. l'abbé Robin à un canonicat titulaire au Puy, Mgr de Bonald, évêque du Puy, jeta les yeux sur M. Ravel pour occuper ce poste important. Il fallut faire violence à la modestie de l'humble vicaire qui pensait que la dernière place dans la maison du Seigneur était la plus convenable pour lui.

A cette humilité sincère, M. Ravel joignait la confiance en Dieu et la soumission à sa volonté. Mgr de Bonald ayant arrêté son choix sur lui, il obéit et se courba sous le fardeau qui lui était imposé. Les vertus si solides du nouveau Curé, la dignité de ses mœurs, lui donnaient une grande aptitude à administrer cette paroisse. Il eut bientôt gagné l'estime universelle. La population put admirer sa piété exemplaire, l'activité toujours sage de son zèle, qui savait sans éclat et sans ostentation faire beaucoup de bien dans toutes les parties de son ministère.

On peut dire qu'il régna sur cette paroisse et son règne béni était accepté de tous. Son gouvernement était paternel. Son autorité modeste, assise dans les cœurs et dans les consciences, appelait le respect et n'eut jamais à souffrir la plus légère atteinte. Si la moindre inattention se produisait à l'église, son regard suffisait pour rappeler la sainteté du lieu et arrêter tout échange de paroles.

La Révolution avait détruit ou confisqué les établissements pieux que la foi avait établis à Riotord et dévoré les ressources dont les avait dotés la charité chrétienne. L'abbé Ravel continua l'œuvre réparatrice commencée par ses prédécesseurs. Il fit classer l'église de Riotord, — assez curieux spécimen d'architecture chrétienne, — comme monument historique afin d'obtenir des allocations sur le crédit des monuments historiques et pouvoir ainsi assurer les réparations nécessaires. Il travailla de toutes ses forces à créer l'établissement des Frères du *Sacré-Cœur* et contribua par son zèle et ses deniers à élever la belle et spacieuse maison des sœurs de *Saint-Joseph*. Cet établissement, destiné dans les vues de son bienfaiteur à fournir une solide instruction aux jeunes filles de l'endroit et à abriter sous sa tutelle vigilante les jeunes ouvrières employées dans les fabriques, a rendu d'immenses services.

Voilà le bien qu'il a été permis à ce prêtre d'opérer à Riotord pour la gloire de Dieu et le bien des âmes.

Dieu va lui imposer un grand acte de résignation, l'obéissance va lui demander un suprême sacrifice. Sur une invitation pressante de son Evêque, que sa foi considérera comme un ordre, il se dérobera aux affections qui le pleureront et quittera cette paroisse consternée de cette perte et où il aurait voulu toujours vivre. Il s'était, en effet, profondément attaché à ces populations fortes et chrétiennes avec lesquelles la piété de son âme, la générosité de son cœur, la loyauté de son caractère sympathisaient merveilleusement.

Nommé à la cure de Saint-Didier-la-Séauve, à la fin de novembre 1846, à la place de M. l'abbé Redon, transféré à Brioude, M. Ravel obéit aux désirs de son Evêque, persuadé que tel était le bon plaisir de Dieu. Au point de vue humain sa position devenait brillante ; chef spirituel de 5,000 âmes, il pouvait vivre dans l'aisance avec ses revenus ; mais grâce à l'esprit de Dieu qui l'éclaire et le dirige, il ne regarde ces nouvelles fonctions que comme une charge redoutable.

En quittant Riotord, il ne trouvait de consolation que dans le mérite de son sacrifice et du renoncement à sa volonté. Pendant qu'il se préoccupait de la nouvelle position qui lui était faite et des nombreux devoirs qu'elle lui imposait, il comprit que sa situation serait des plus difficiles.

Il accepte l'obéissance, l'humilité, le travail ; mieux que tout cela, l'injustice. Mais il trouve le sacrifice et avec le sacrifice la force. C'est par la croix que l'on apprend à connaître Dieu et plus on connaît Dieu, moins on s'alarme des difficultés que rencontrent ses projets.

III

Saint-Didier a une population bonne, croyante, dévouée, vive, se portant du même cœur à une entreprise sainte, à une mission, à l'enthousiasme pour le bien, pour l'amour de Dieu, pour l'amour de la justice et pour l'amour de la gloire et du bruit. Le peuple au cœur noble et fier, désintéressé de tout objet personnel, dit ce qu'il croit, ce qu'il pense, ce qu'il loue, ce qu'il désapprouve. Son accent fait assez connaître des gens qui se sentent chez eux et qui ouvrent leur cœur.

Cette population est quelquefois trop prompte et

cette promptitude l'expose à se tromper, mais elle sait revenir d'une injustice qu'elle a commise.

On peut lui parler de devoir, d'obéissance, de respect ; on peut lui parler de Dieu. Elle est accessible à toutes les nobles idées.

L'habitant de la campagne a conservé la vieille foi de ses pères ; il passe le temps de son existence dans une douce simplicité, à l'abri des besoins factices que l'on se crée partout ailleurs ; la religion lui apprend à trouver le bonheur dans l'amour de Dieu, et le travail de ses mains lui apporte le pain de chaque jour.

On est touché des rapports faciles, sans apprêt, du caractère ouvert, franc de l'ouvrier. Il paie en dévouement et en sympathie l'intérêt que le prêtre lui porte.

On rencontre des natures si honnêtes et tant de cœur dans toute cette population que l'on se plaît au milieu d'elle. Les paysans comme les ouvriers reconnaissent mieux une parole dite amicalement que d'autres les services les plus coûteux.

Dans ce pays, on est encore généralement docile à la voix paternelle du pasteur. Le prêtre est aimé, respecté et parfaitement vu de tous. La présence de quelques missionnaires montre ce qu'est cette population. Elle est chrétienne et on lui ferait violence en l'éloignant de Dieu. Le sentiment religieux, affaibli dans quelques âmes par les passions, agit aussitôt qu'un mouvement religieux se manifeste. L'âme se redresse vers Dieu et les sentiments de foi se réveillent dans tous les cœurs. Qui ne se rappelle le saint enthousiasme avec lequel ont été suivies les missions de 1857 et de 1865? Jamais acte de foi n'a été plus solennel et plus consolant.

En 1848, quand Mgr de Morlhon visitait la ville, comme en 1864, lorsque Mgr Le Breton se présentait pour la première fois, ce furent deux beaux jours pour ce pays. Les habitants, à ces deux époques, rivalisèrent de zèle pour témoigner à ces deux prélats le bonheur dont ils jouissaient en les recevant. En 1864 surtout, les rues étaient transformées en charmilles de bannières, d'inscriptions, d'armoiries.

IV

C'est au milieu de cette population que M. Ravel devait désormais remplir son ministère.

On pourrait me suspecter d'avoir transigé avec l'amour de mon pays aux dépens de la vérité, si je ne disais pas que des peines et des déplaisirs accueillirent à son arrivée l'âme du nouveau curé. Il serait étonnant qu'une vie de sainteté et de zèle comme la sienne eût été exempte de douleurs, car l'apôtre saint Paul n'a-t-il pas dit : « Que ceux qui veulent vivre pieusement en Jésus-Christ doivent souffrir persécution. » Ces tribulations ont rehaussé sa vie parce qu'il sut les supporter avec patience.

Le vide laissé par le départ de M. l'abbé Redon était difficile à combler. En deux ans, ce digne pasteur s'était fait aimer par son activité et par son caractère ouvert, sympathique et familier.

M. l'abbé Ravel se recommandait par l'estime que lui avaient vouée les populations de Dunières et de Riotord et par le talent d'administrateur qu'il avait déployé dans cette dernière paroisse. Familiarisé avec les mœurs de ce pays, il possédait toutes les qualités nécessaires pour continuer le bien commencé par son prédécesseur.

Il aimait la simplicité, il pratiquait la charité, il vivait comme un saint, mais une partie du peuple l'ignorait et il avait lieu de l'ignorer. M. l'abbé Ravel cachait sa vie. Son air austère, réservé, sa parole dépourvue de tout apprêt, empêchaient de l'apprécier. Il apparaissait rude d'aspect et de langage ; plusieurs ne savaient pas qu'il était doux de cœur, plein de foi, de charité, de courage et d'humilité, et ceux-là seuls ne lui donnaient point toute leur confiance.

M. l'abbé Ravel ne se fatigua et ne se rebuta de rien. L'apparente inutilité de ses sacrifices ne l'arrêtait pas, ne l'émouvait pas. Il n'était occupé que de Dieu, dédaignait tout le reste, acceptant les croix intérieures, se fiant à son Sauveur d'une ardeur et d'un amour que rien ne pouvait ébranler. Il savait que tout ce qui est juste et bon, tout ce qui tend au salut des hommes est appuyé de Dieu. Il attendait, mais en attendant, il persévérait. Par sa prière et par sa patience, il se faisait lentement une force et un moyen des obstacles qu'il rencontrait.

Il laissait ignorer les contradictions qu'il éprouvait

et jamais une plainte ne s'échappait de ses lèvres.

Le saint prêtre ne s'y trompait point ; il connaissait les voies de Dieu. Le découragement ne le gagna point, il accepta les souffrances et les offrit à Dieu. Il savait que le prêtre se doit à lui-même, doit aux hommes, doit à Dieu quelque chose de plus qué le simple devoir de l'homme de cœur. Il n'est pas un homme comme un autre. Il ne doit pas espérer gagner à Jésus-Christ, par des moyens qui ne sont pas de Jésus-Christ, par une prétendue largeur de manières et de pensées, par des facilités dans la doctrine et des abaissements dans le langage qui ne rappelant en rien la doctrine et la simplicité de l'Homme-Dieu, font douter que celui qui les emploie, soit l'homme de Dieu.

Trop jeune à cette époque pour être un témoin bien informé, les souffrances et les misères endurées par M. l'abbé Ravel ne m'ont pas été révélées par lui, — il n'en parlait jamais, — d'autres les virent, admirèrent ce prêtre, et, sans qu'il l'ait su peut-être, lui en donnèrent le prix qu'attendaient sa patience et son humilité. Ils furent touchés de cet amour de Dieu, de ce persévérant courage, et ils comprirent ce que valait ce pasteur.

Dès qu'on connut sa vertu, le pieux curé n'eut besoin que d'être lui-même pour qu'on connût encore son mérite. Avec un tact exquis, une prudente réserve, une bienveillante délicatesse dans ses démarches, il sut peu à peu faire tomber toutes les préventions. Le peuple finit par découvrir ce que son âme renfermait de bonté et de dévouement; jusque-là, il avait eu l'estime d'une grande partie de la population; dès ce moment, toute la paroisse fut à lui. La confiance universelle environna le pasteur qui avait eu le courage de souffrir sans se plaindre.

Cette confiance a persévéré : elle s'est affermie par le temps, par les marques de cette sagesse qui de son côté persévérait. Elle était devenue de l'affection dans un grand nombre de paroissiens. C'est là la consolation que Dieu donne souvent aux siens, le digne prix dont il récompense de nobles sacrifices.

M. l'abbé Ravel bénit Dieu d'une amélioration dans sa position personnelle, qui tournait à l'avantage de son ministère, au bien spirituel des âmes.

L'amour du bien engendrait en lui, je ne dirai pas un besoin, mais presque une passion qui l'occupait sans cesse, qui le portait sans cesse à chercher, à imaginer les moyens pour l'opérer et le faire opérer davantage. Pendant tout le temps qu'il est resté curé de Saint-Didier, il a travaillé comme un véritable apôtre, toujours sous l'impression de la pensée qu'il devra rendre compte à Dieu âme pour âme de toutes les ouailles soumises à sa houlette par son évêque. Tant que ses forces le lui permirent, il prêcha, il confessa, il administra les sacrements, il visita les malades, etc.

En prenant possession de son église, il s'était engagé à lui consacrer toute sa vie. Chacun peut dire s'il a tenu parole. Il ne pensait pas en avoir jamais fait assez; il veillait sur tout; aucun détail ne lui paraissait indigne de sa sollicitude, dès-lors qu'il s'agissait du bien des âmes ou d'une œuvre de charité. L'ordre et la régularité dans le service divin étaient l'objet de ses continuelles pensées.

Au désir que M. l'abbé Ravel ressentait du salut des âmes, il unissait une admirable prudence. Il se montra constamment administrateur habile et pasteur vigilant et zélé. Il fut heureusement secondé par des vicaires capables et dévoués, dont je suis heureux de rappeler les noms, ce sont : MM. les abbés Achard, Demeure, Liotier, Martin, Gabriel, Massardier, Farissier, Loudes, etc. Il les associait, autant qu'il était en lui, à toutes les œuvres de son ministère. Son esprit vivait, dirigeait, enseignait par le cœur de ces prêtres dignes d'être ses collaborateurs.

Son zèle lui suggérait bien des projets de nature à réveiller la foi. Pour rendre les pratiques de dévotion plus populaires ; il cherchait à les rendre plus honorables en les entourant d'éclat. Persuadé que les confréries sont un des moyens les plus propres à entretenir l'esprit de piété et de charité, il cultivait avec un soin particulier celles qui étaient établies dans la paroisse, et il créa celles de Saint-Louis-de-Gonzague et des Saints-Anges. Il se plaça lui-même à la tête de la réunion des mères de famille, et il distribuait à ses vicaires les autres confréries.

L'instruction à tous et à chacun selon le mode qui lui est le plus convenable, c'est ce que ce saint pasteur se proposait par tous les moyens en son pouvoir. Il tenait beaucoup à ce que des instructions solides fussent adressées aux fidèles. De temps en temps il faisait venir à ses frais des missionnaires afin de remuer la paroisse et d'exciter l'enthousiasme du bien.

Mais, qu'est-ce que l'instruction donnée à l'église si elle n'est pas soutenue dans les écoles, si la religion n'est pas inculquée dès le plus jeune âge, si les enfants ne sont pas formés à son amour, s'ils n'en sucent pas les éléments avec les premiers enseignements? A ses yeux, l'enseignement religieux des enfants revêtait une grande importance. Il voulait qu'on ne négligeât rien dans les catéchismes pour donner de l'attrait à ces réunions, stimuler le zèle des enfants, les former à la piété, leur faire aimer la vertu, et il tenait beaucoup à ces humbles religieuses, établies dans les villages de la campagne, qui ont une aptitude particulière pour apprendre à aimer Dieu.

V

Il était fier de ses cinq communautés religieuses. On sait ce que font les communautés religieuses enseignantes ou hospitalières, il est impossible de ne pas le savoir, car elles sont partout. Ce qu'elles accomplissent ailleurs, les *Frères des Écoles chrétiennes*, les *Sœurs de Jésus*, les *Dames de l'Instruction*, les *Sœurs Saint-Dominique*, les *Dames Trinitaires*, l'accomplissent à Saint-Didier avec un incomparable dévouement, affrontant toutes les fatigues dans les écoles, dans les salles d'asile, au chevet des malades.

Le vénérable curé admirait également le spectacle si beau donné par ces différentes congrégations religieuses, mais s'il avait pu exprimer une préférence, elle se serait prononcée en faveur des Sœurs de Jésus. Il aimait en ces religieuses l'esprit de simplicité, joint au privilège que Dieu semble leur avoir accordé, de former, avec un sens très-pratique, des mères chrétiennes, attachées à leur pays, sachant aimer Dieu et élever leurs enfants comme il convient.

Ces établissements excitaient à un haut degré son intérêt. Quelques-uns ont reçu plus d'une preuve de sa pieuse générosité. L'agrandissement de ces maisons était l'objet de tous ses soins. Il vit avec plaisir les Dames de l'Instruction faire en 1866 l'acquisition du clos des anciennes religieuses Augustines, et les sœurs St-Dominique quitter leur local trop étroit du faubourg de la Peschoire pour s'établir dans une maison du faubourg de Montfaucon, mieux appropriée à leurs besoins.

Les bonnes *Sœurs de Jésus* étaient reléguées dans une vieille maison incommode, presque privée d'air, il travailla à donner à ces saintes filles le local plus spacieux et plus utile qu'elles occupent depuis 1864. Quelques personnes n'approuvèrent pas tout d'abord ce changement. A ce propos, je dirai franchement ma pensée : j'aime les vieilles choses tout comme un autre, mais je trouve qu'une maison malsaine, mal distribuée, sans améliorations possibles, ne vaut pas, et surtout pour une nombreuse réunion d'enfants et de religieuses, une belle installation, pleinement hygiénique.

Il est un dévouement que l'on ne me pardonnerait pas d'oublier et que je veux placer sous la protection du souvenir du saint Curé, c'est celui de ces filles pieuses, connues sous le nom de *Béates*, établies dans tous les villages importants de la paroisse : aux Mâts, à la Rullière, au Grand-Roure, au Crouzet, aux Mazeaux, à Sagottier, à Montbrison, à la Séauve, au Prége, etc.

Le vénérable curé n'a cessé de les aimer, de les honorer et de les combler de ses bienfaits. Il savait quelle est leur valeur. Disséminées à la campagne, elles instruisent les plus jeunes enfants, leur enseignant en même temps la vertu. Ces modestes religieuses, mortes à elles-mêmes, ne savent rien refuser à Dieu. Sous des dehors simples, elles cachent souvent un grand cœur et souvent encore un esprit cultivé. Dieu soumet quelquefois le courage de ses servantes à d'étranges épreuves, capables d'effrayer les plus fermes dévouements. Elles vivent pauvrement dans les villages, ayant toujours l'estime des braves paysans qui les entourent, mais pas toujours assez de quoi se suffire. Elles arrivent à n'être rien pour le monde; elles ont ici-bas le travail et l'oubli; elles auront dans le ciel toute la récompense de leurs œuvres, car Dieu repose ses regards sur ces dévouements obscurs et persévérants, sur ces charités inconnues, sur ces grandeurs inaperçues des hommes.

M. l'abbé Ravel a aussi accompli d'importantes améliorations matérielles, mais sobre d'innovations, il ne mettait ses projets à exécution qu'après les avoir bien pesés et bien mûris. Son Conseil de fabrique, composé d'hommes recommandables par leurs sentiments religieux, lui prêta un continuel appui dans tous les embellissements de son église.

Beaucoup de travaux secondaires ont été faits, il en est qui sont considérables et que seuls je rappellerai. Une partie du presbytère a été entièrement construite à ses frais. La dépense s'est élevée à plus de 4,000 francs. Il transféra avec raison, en 1858, le riche et précieux maître-autel à la place qu'il occupe aujourd'hui; à la même occasion, il refit les boiseries et les stalles du chœur, le dallage du sanctuaire, établit les grilles de la table de communion, remplaça les vitres du chœur par des grisailles d'un assez bel effet, dues à M. Mauvernay, de Saint-Galmier. Il a eu la consolation de voir terminées, la chapelle, si commode pour la réunion des congrégations, et la magnifique sacristie qu'il avait rêvée pour la paroisse. La boiserie sculptée en chêne de cette sacristie a été exécutée par M. Desgrand, menuisier, sur les plans de M. l'abbé Martin et grâce aux soins intelligents de M. l'abbé Loudes et de M. Vialleton-Platier. L'aspect général du bâtiment, qui renferme cette chapelle et cette sacristie, n'est pas monumental, mais on voulait surtout faire une entreprise utile et ce but a été atteint. La disposition du terrain ne permettait pas de placer ailleurs cette construction. L'inconvénient de dérober une partie du chœur disparaît devant les avantages résultant de cette œuvre.

Une telle œuvre a entraîné des dépenses considérables, plus considérables qu'on ne saurait le croire. Elles ne paraîtront pas exagérées si l'on songe à l'importance du résultat obtenu. Je ne serai que juste, en déclarant, d'après des renseignements certains, que M. le curé y a contribué de ses deniers pour plus de 8,000 francs.

VI

Jusqu'ici, j'ai suivi M. l'abbé Ravel dans toutes les phases de son existence, depuis ses premières années jusqu'à sa dernière action publique. Je l'ai montré dans toutes les positions où la Providence le plaça. Je n'ai pu encore donner une entière connaissance de ce prêtre vénéré. Il faut maintenant pénétrer dans son intérieur, examiner toutes ses actions, recevoir ses confidences ; alors seulement on saura ce qu'il valait.

Il vivait en bon curé de campagne, sans solennité, sans appareil, ne recherchant point la société, exerçant cependant avec plaisir l'hospitalité, et intéressant par un grand fonds de raison et de bon sens. Son salon était des plus modestes et n'était pas si orné que la chambre d'un vicaire de paroisse.

Un vieux bureau à droite, toujours fermé, sur lequel gisent deux ou trois registres poudreux ; à gauche un lit fort simple, sans alcôve, avec des rideaux d'indienne ; une pendule-horloge valant moins de 15 francs appendue au mur ; dans un coin de la cheminée, une méchante petite table de sapin, recouverte d'un tapis de laine, terni, usé, frangé, irrisé de toutes parts ; là, trône une statuette de la sainte Vierge, autour de laquelle sont jetés un peu pêle-mêle des lettres, des livres de piété, peut-être des registres entr'ouverts dont il vient de se servir ; sur la cheminée nue et sans art un crucifix en bois, deux chandeliers d'étain, démodés et ébréchés, encore des lettres, quelquefois son bréviaire quand il quitte ses mains, les *Annales de la Propagation de la foi*, le *Messager du Sacré-Cœur*, parfois l'*Echo de Fourvière* : sur les murs jaunis un tableau représentant saint Joseph, un portrait de Pie IX, un autre de Mgr Affre, tué, en juin 1848, sur les barricades en demandant que son sang soit le dernier versé ; plus, quelques chaises et un fauteuil, ou plutôt une chaise à bras emmaillotée d'indienne décolorée, qui éclate et rit sur tous les coins ; le tout éclairé par une croisée basse, sans rideaux, voilà le salon du curé qui est en même temps sa chambre à coucher. C'est pauvre, c'est pieux, c'est touchant. Il n'y a pas même le nécessaire.

Rien qu'en entrant, on sentait l'homme de Dieu.

Les habitudes de sa vie étaient aussi simples que ses appartements. Il évitait les invitations à dîner. Quand de graves considérations l'engageaient à accepter, il savait le faire de bonne grâce, mais c'était si rare qu'on peut dire qu'il ne dînait jamais hors de son presbytère.

A l'exception de la lecture quotidienne d'un journal

religieux, qu'il ne se permettait même plus dans ses dernières années, aucun soin profane, on peut dire même aucune récréation d'esprit, aucune distraction de société n'interrompait l'uniformité de sa vie.

Il était un modèle par son exactitude et son activité. Il voulait, autant que possible, remplir par lui-même toutes les charges de son ministère.

Il avait la science du salut; il savait comment il faut servir Dieu et il l'a servi comme il fallait le servir.

Ce n'est point la science, les discours, le zèle qui seuls opèrent, qui vont au cœur : c'est la grâce. Et pour l'acquérir, il n'y a qu'un moyen : la prière. Tous les saints ont été des hommes de prière. Voilà aussi le secret de M. l'abbé Ravel ; c'est par la prière qu'il a fait de si grandes choses à Dunières, à Riotord, à Saint-Didier. Que de mystères de miséricorde et de bénédiction sont illuminés de ce seul mot ! Dieu, qui aime ses serviteurs et qui souvent se plait à les combler visiblement du fruit de leurs travaux, a dû faire beaucoup pour la consolation de ce saint prêtre. L'amour du Sauveur, pour une âme qui l'aime, qui peut dire ce que c'est? Aussi, souvent j'ai entendu expliquer les bonnes dispositions de la population de Saint-Didier par les prières de son pieux curé.

Sa prière était continuelle. A quelque heure qu'on se présentât chez lui, s'il n'était pas occupé à écrire, on le trouvait à dire son breviaire, à réciter son rosaire, à faire une lecture édifiante, souvent à genoux au milieu de sa chambre et les bras en croix. Les nombreux travaux, dont il était accablé, ne suspendaient point son union intime avec Dieu et ne troublaient point sa paix intérieure.

Chaque jour il se levait à 4 heures et demie et célébrait les saints mystères à 7 heures. Levé plus de deux heures avant sa messe, il employait une grande partie de ce temps en préparation. En célébrant le saint sacrifice ou en y assistant, il édifiait tous ceux qui le voyaient par son esprit de foi, son attitude grave et son recueillement profond.

La piété de M. l'abbé Ravel, pleine de force et de vérité, était, par la rectitude de son jugement, garantie contre toute minutie. Elle n'embrassait qu'un petit nombre de pratiques et les suivait avec fidélité.

Sa vie, on peut le dire, était toute intérieure, comme celle de Jésus-Christ et des saints. Il était animé d'un grand esprit de foi et il possédait l'heureuse habitude de se laisser guider dans toute sa conduite par des motifs surnaturels. Par sa pureté d'intention, il savait mettre à profit toutes ses œuvres pour l'éternité. Il s'exerçait à ne souffrir aucune attache aux choses de la terre, et il s'efforçait d'acquérir en tout la conformité à la volonté de Dieu, de telle façon que le désir de plaire à Dieu fût le mobile de toutes ses actions.

Sa confiance dans la Providence fut entière, constante, sans hésitation et sans défaillance. Comme on est heureux dans la vie et dans la mort, avec une foi si ferme, avec une conscience si obstinée!

Il était touchant de l'entendre en conversation faire une réflexion qui ramenait à Dieu. Dans ces moments un doux sourire passait sur ses lèvres ; on sentait qu'il éprouvait la vérité de cette parole qui lui était familière :

« Il n'y a de bonheur que dans le service de Dieu. »

Il s'intéressait beaucoup aux Missions et suivait avec la plus vive sympathie les progrès de la Foi dans les contrées lointaines. On sait avec quel bonheur et avec quel amour il lisait les *Annales de la propagation de la Foi* et de la *Sainte-Enfance*. C'était là ses plus délicieuses lectures. On était sûr de lui procurer une douce satisfaction en lui communiquant des lettres écrites par des Missionnaires.

Tous les ans il me donnait une somme assez importante pour mon excellent et courageux frère, missionnaire en Chine. Cette dernière année l'offrande avait été plus considérable ; on aurait dit qu'il prévoyait sa fin prochaine. Car c'était évidemment un legs que de cette manière discrète il laissait aux Missions (1).

Trois semaines avant sa mort, une personne qui m'est bien chère lui rendait une visite, après une assez longue conversation sur les Missions, le malade

---

(1) On me pardonnera ces détails par lesquels ma reconnaissance se satisfait. J'ai goûté le charme de ce caractère d'élite, de cette bonté et de cette simplicité et l'on voudra bien que je me donne la consolation de le dire. Je ne suis pas un narrateur indifférent ; j'ai ma large part dans le deuil des amis et des paroissiens de ce charitable vieillard.

lui dit tout à coup : « Ah ! pourquoi au lieu de cons-
« truire tant de chemins de fer, tant de superbes et
« inutiles monuments ; pourquoi n'emploie-t-on pas
« cet argent à favoriser les Missions ? »

C'était sa préoccupation continuelle de sauver des
âmes, coûte que coûte.

VII

L'amour de M. l'abbé Ravel pour l'Eglise était celui
du fils le plus tendre et le plus dévoué. Catholique
romain du fond des entrailles, quand une discussion à
ce sujet s'élevait en sa présence sur certaines questions controversées, il arrêtait tout doucement la conversation par une parole de bonté qui indiquait qu'un
pareil débat le fatiguait. On se rendait avec déférence
à son invitation, on aurait craint en insistant de lui
causer de la peine.

Il travaillait avec un scrupule constant pour devenir
un bon ouvrier de Dieu. Il voulait sauver les âmes.
Dans ce but il déployait une patiente ardeur.

Il appréhendait de monter en chaire, il le faisait
cependant toutes les fois qu'il en pouvait résulter quelque bien. Ce travail lui coûtait beaucoup par la
crainte de dire des paroles et des choses sans fruit
pour ses auditeurs,

Ses instructions étaient pratiques et à la portée de
toutes les intelligences. Le mobile de ses efforts n'était

pas le désir d'éblouir, c'était l'amour de Dieu; il voulait être digne de sa mission, il voulait nourrir ses paroissiens de sa raison, de sa piété, de son cœur.

Il prêchait sans appareil d'éloquence et de recherche et il avait sa manière de voir, de sentir, de parler. Sa voix non plus n'était pas agréable à entendre, néanmoins les fidèles aimaient ses instructions où l'amour de Dieu parlait avec entraînement. Là, on sentait la vigueur de sa foi, l'ardeur de son zèle, la profonde tendresse de son cœur. Cette simplicité émue touchait, fortifiait l'âme et l'élevait aux grandes et saintes choses.

Sa vie prêchait encore plus que sa parole, et c'est là la veritable éloquence du prêtre.

Il était au même degré pieux et humble. Si quelqu'une de ses vertus prenait un essor plus rapide, c'était l'humilité. *Faire toujours bien et s'estimer peu, c'est le signe d'une âme humble,* dit le livre de l'*Imitation.* C'était bien là sa conduite. Quand il avait fait plus que son devoir, il se regardait comme un serviteur inutile et pensait que d'autres à sa place auraient fait mieux et davantage. Il se mêlait rarement à une conversation sérieuse, craignant de ne le pouvoir faire quoiqu'il fût instruit et qu'il eût un jugement très sûr, mais il essayait toujours de s'éclairer par des questions discrètes et pleines d'à-propos.

Quand vinrent les jours de l'adversité, la même patience l'arma de ce courage par lequel les grands cœurs grandissent à mesure qu'ils souffrent. Seul, étudiant sa conscience et ses œuvres, il trouva que jusqu'alors il n'avait point assez aimé Dieu, qu'il ne l'avait pas suffisamment servi. Aux douleurs de sa vie il opposa une grandeur et une douceur d'âme qui étaient le charme et l'étonnement de ceux qui le voyaient.

Dieu ne révèle le mérite des souffrances qu'aux âmes qu'il s'est choisies. M. l'abbé Ravel, après avoir été un homme de foi, de prière et de zèle, avait mérité de souffrir et de devenir par là, sous la main de Dieu, le chrétien consommé qui se défend de toute plainte, qui aime la douleur parce qu'il en connaît le prix, muet sur ses propres maux, plein de compassion pour ceux des autres et leur indiquant l'usage qu'ils en peuvent faire tout en demandant à Dieu de les consoler.

J'ai dit ailleurs que Dieu donna à ses souffrances la récompense qui leur revenait ; il eut la consolation d'être aimé de toute une paroisse qui l'avait d'abord froidement accueilli.

Pendant toute sa vie sa conduite fut la même. S'il arriva encore qu'on eût l'air de le dédaigner, à ces dédains des hommes il ne sut jamais opposer que la patience. Au lieu de répondre d'un ton dur, il se bornait à quelques paroles douces et conciliantes, dites d'un ton modeste et pénétré, et bien propres à faire goûter ses bonnes raisons.

VIII

Aussi ferme qu'il était humble et modeste, il avait
une de ces natures sincères et franches qui ne connaissent que la vérité, Il avait le détachement des éloges,
des relations, et même des amitiés et même du succès
qui paraissaient s'offrir aux dépens de ce qu'il croyait
être le bien. Quiconque l'a pratiqué sait s'il donnait
légèrement son affection et son estime, s'il craignait de
dire la vérité et si la dignité de son caractère se pouvait aisément plier au mensonge et sa loyale rudesse à
la flatterie.

Un jugement droit, une grande prudence, un tact
exercé, un profond amour du vrai, dirigeaient toutes
ses actions. Il ne savait pas transiger avec son devoir,
et il n'était pas homme à se laisser imposer des lois
quand le devoir lui disait de résister. Jamais il ne
flatta, jamais non plus il ne fit d'opposition à quelque
pouvoir que ce fût. Il était impossible de trouver un
prêtre plus soumis. Aucune pensée ne saurait mieux
rendre ses paroles à cet égard que celle-ci de Lacor-
daire :

« L'autorité est, après Dieu, le salut des nations,
« et nul ne doit lui porter un respect plus grand que
« le prêtre, chargé d'apprendre aux fidèles d'où leur
« vient la vie et d'où leur vient la mort. »

Il n'aurait pas dit un mot contre sa conscience,

même pour saisir la popularité. Sa parole restait pleinement, et en toute occasion, au service de la droiture éclatante de son caractère. Si sa sincérité ne pouvait s'exercer à cause des convenances et de la charité, il s'interdisait les louanges ou les approbations qui auraient pu blesser la vérité.

Il donnait l'exemple d'une grande réserve dans les conversations. Il avait horreur de la médisance et de la calomnie. Il ne pouvait souffrir qu'en sa présence on attaquât la réputation des autres. Une maxime qui lui était comme une règle de conduite dans les circonstances difficiles, était celle-ci :

« Faire le bien sans blesser la charité. »

On peut dire qu'il l'observait avec une scrupuleuse délicatesse. Ceux qui l'ont approché dans les heures de trouble, qui se rencontrent dans toute vie de chrétien, ne lui ont jamais retiré leur cœur, ils avaient vu dans le sien de trop nobles combats, ils y avaient trop admiré la volonté de prendre toujours le sentiment le plus généreux.

Aussi, si sa parole était quelquefois vive, son cœur était toujours bon, et c'était là tout l'homme et tout le prêtre. Son cœur était celui d'un père, et cette bonté donnait à sa parole, simple et sans apprêt, un accent, une onction pénétrante que l'art le plus habile n'aurait pu inventer. Dieu, en effet, a voulu que tout fut possible avec le cœur, car il a donné d'avance l'empire de la terre à ceux qui ont le cœur bon et doux.

En pénétrant dans l'intimité de cette âme, on découvrait des trésors de compassion et de mansuétude.

Quand il s'agissait de donner sa confiance, les distinctions sociales disparaissaient. Il honorait la vertu partout où il la rencontrait. Il était affable et attentif envers les moins favorisés de la fortune.

Il aimait de toute son âme ses paroissiens et volontiers il leur aurait donné sa vie. Avec la vieille foi, il aurait voulu garder toutes les gloires de ce pays.

Au milieu de ses travaux, il trouvait le temps de s'intéresser à tout ce qui touchait à sa paroisse. Il connaissait toutes les familles et suivait avec sympathie leurs différents membres dans les carrières qu'ils embrassaient. Il aimait le succès de ceux qu'il regardait comme ses enfants, et il se réjouissait de leur prospérité. Il n'était surtout jamais plus heureux que le jour où il pouvait applaudir à la révélation, à la prise de possession d'une vocation religieuse.

M. l'abbé Ravel n'avait que deux sœurs, sœur Rose et sœur Augustin, toutes deux religieuses de Saint-Joseph, à Saint-Victor-Malescours, dignes et vénérables femmes qui l'ont précédé de quelques années dans la tombe. Elles venaient quelquefois le voir et elles étaient reçues avec une affection touchante. Là ces bons cœurs étaient heureux en ces courts instants qu'ils passaient ensemble.

Il les avait vues mourir en quelques années l'une après l'autre. La foi lui avait fait accepter de la main de Dieu et recevoir ce double coup, sans perdre la sérénité que l'on admirait en lui.

Il possédait une qualité qui est pour un pasteur comme la couronne de toutes les autres, celle par laquelle son zèle et ses efforts trouvaient toute leur puissance et recevaient aux yeux de la paroisse une espèce de sanction. Je veux parler de son union avec ses vicaires. Cette homogénéité est tout-à-fait nécessaire dans une paroisse. Avec elle, on aborde courageusement les difficultés qu'il faut vaincre, on évite des imprudences quelquefois bien funestes, on combine et l'on décuple les efforts du dévouement.

Pour obtenir cette union, de laquelle naissent tant de précieux avantages, il s'appliquait à imiter le Sauveur, sachant gouverner par l'humilité plutôt que par la puissance, et combinant son devoir avec sa bonté. S'il en avait eu besoin, il aurait trouvé dans son cœur assez de compassion pour supporter les imperfections de ses collaborateurs.

Je dois le dire, Dieu ne lui envoya que des prêtres aimés de lui et qui tous restent dévoués à sa mémoire.

Tous les évêques du Puy qui l'ont connu, NN. SS. de Bonald, Darcimoles, de Morlhon et Le Breton l'ont honoré de leur estime et lui ont témoigné une grande déférence. Toutes les lettres trouvées dans ses papiers portent l'empreinte de ces sentiments si honorables que lui montraient ses supérieurs.

Pour lui, il restait très-attaché à ses amis et il éprouvait de la joie à les recevoir.

Ses amis étaient nombreux et dans tous les rangs de la société. Mgr de Charbonnel lui montrait une véritable amitié ; on sait les liens étroits qui l'unissaient à M. l'abbé Montagnac, curé d'Yssingeaux, à M. l'abbé

Pierre Montagnac, vicaire-général, et à tant d'autres ecclésiastiques.

On ne pouvait l'approcher et le connaître sans l'aimer. Les prêtres, qu'il appelait pour prêcher des missions ou des retraites, partaient emportant tous le meilleur souvenir de l'hospitalité si cordiale de ce bon pasteur.

IX

Avec un cœur si bon et si aimant, il ne pouvait manquer d'être charitable. Cette vertu de bienfaisance lui fut en effet toujours chère ; et si j'avais un regret à exprimer, c'est qu'il ait pris trop à la lettre cette recommandation du Sauveur, qui veut que la *main gauche ignore les bienfaits de la main droite*. Il n'eut peut-être pas trouvé autant de mérites en suivant les prescriptions de saint Paul, qui demande des chrétiens *des œuvres faites au grand jour pour que Dieu soit glorifié*, mais à coup sûr, il aurait détruit plus d'une prévention.

Il répandait ses aumônes avec la modestie d'un saint, sans se soucier de paraître charitable, sans se ménager la faveur des hommes.

Tous ses revenus, distribués avec autant de désintéressement que de sagesse, passaient dans les mains des pauvres, ou étaient répartis entre des œuvres de zèle et de charité.

Beaucoup de ses aumônes ne furent pas connues. Il n'aimait pas à donner dans la rue, il craignait de donner sans discernement et de priver les vrais pauvres d'un bien qu'il leur destinait. Quand on l'entretenait d'une personne réellement dans l'indigence ou d'une entreprise utile, on était sûr d'obtenir peu ou beaucoup, selon ses ressources du jour. Il accompagnait toujours son aumône d'une bonne parole, d'un bon conseil. Il arriva quelquefois que l'humble et charitable prêtre renvoya sans rien leur donner des pauvres dont les demandes importunes le fatiguaient, il en exprimait ensuite du regret à ceux qui se trouvaient avec lui.

Afin d'être plus riche pour les malheureux, il se refusait à lui-même non-seulement le superflu, mais souvent l'utile et le nécessaire; il était pauvre dans son mobilier et dans son vêtement. Chose qu'on croira difficilement, la même soutane lui suffisait pour cinq ou six ans!

Son désintéressement allait jusqu'au mépris de l'argent. Pendant trente-cinq ans, à la tête de deux paroisses très-importantes, il eût pu recueillir des épargnes pour l'avenir, mais l'homme de Dieu ne connaissait pas cette prudence humaine. Il n'avait pas même mis en réserve une modique somme, et si les infirmités l'avaient obligé de se retirer, il se serait trouvé sans aucune ressource. Il avait compté sur la Providence; elle ne lui aurait pas fait défaut.

Il est mort pauvre, ne laissant rien ou à peine de de quoi subvenir aux frais de ses funérailles, et un

misérable mobilier sans valeur. Ses héritiers univer-
sels, M. l'abbé Loudes et M. Vialleton-Platier, trésorier
de la fabrique, avec son héritage, n'auront pas des
largesses bien considérables à distribuer, si tel est leur
bon plaisir, aux nécessiteux et à l'Hôtel-Dieu.

Les secrets de sa charité délicate, autant que géné-
reuse, ont été en partie dévoilés après sa mort par
des indiscrétions reconnaissantes. Bien des faits me
sont connus ; je n'en révélerai que deux ou trois, ils
suffiront à faire apprécier le prêtre bienfaisant.

Un jour, c'était, je crois, en 1858, une pauvre fermière des environs de Saint-Didier vint le trouver. Elle
était triste et avait les paupières rougies par les larmes.
En la voyant, on pouvait être sûr qu'un grand malheur
l'accablait.

On ne se trompait point.

C'était une brave mère de famille, vaillante et cou-
rageuse, que le curé connaissait. Le malheur et la misère avaient frappé ensemble à sa porte.

Les enfants en bas-âge, le mari malade depuis six
mois, le métier avait chômé, et il avait fallu employer
des manœuvres pour cultiver la ferme. Toutes les ressources de la famille s'étaient épuisées, et de plus, le
propriétaire menaçait de faire saisir son fermier, si on
ne lui payait pas les trois ou quatre cents francs qui
lui étaient dûs.

Où prendre cet argent? Les pauvres gens dans le
besoin trouvent rarement à emprunter.

Les angoisses de la bonne femme étaient vives ; elles

émurent le bon et charitable curé. Il la consola de son mieux et l'engagea à compter sur la Providence.

Deux ou trois jours après cet entretien, un intermédiaire discret remettait à la fermière quatre cents francs de la part d'un bienfaiteur qui ne voulait pas être connu. La joie fut grande à la chaumière, et l'on pria de bon cœur pour l'inconnu généreux qui compatissait ainsi à la misère des pauvres gens.

On soupçonna d'où venait ce secours inespéré. La bonne fermière, pleine de gratitude, s'empressait de porter ses remerciements au curé; il ne voulut point l'entendre, il se contenta de lui dire en souriant avec sa bonhomie ordinaire :

« C'est bon, c'est bon, ma brave femme, ayez tou-
« jours confiance en Dieu ; vous voyez qu'il n'aban-
« donne pas les siens. »

Il avait bien voulu me choisir pour être le distributeur de ses aumônes auprès d'une famille qui n'était pas dans l'aisance. Dans l'espace des cinq dernières années, j'ai remis de sa part neuf cents francs, répartis en différentes sommes.

Jeudi 17 mars, quatre jours avant sa mort, un vieillard, qui avait connu le bien-être, se présente à lui et lui expose sa pénible position. Le malade compatit à ses peines, a encore la force de lui donner quelques bons conseils, et, avant de le congédier, il cherche sa bourse, et sans hésiter il vide tout le contenu entre les mains du solliciteur, véritablement digne d'intérêt et de sympathie, en ajoutant :

« Tenez, voilà tout ce que je possède. »

La bourse contenait cinquante-cinq francs.

Sa vertu imposait comme nécessairement le respect et forçait à lui rendre hommage ceux mêmes qui n'étaient pas religieux.

\

Il y avait vingt-quatre ans que Saint-Didier possédait ce bon vieillard ; les liens d'affection qui unissaient le pasteur et le troupeau se serraient de jour en jour davantage. On se plaisait à former des vœux pour sa conservation.

M. l'abbé Ravel ne comptait pas, lui, sur de longs jours. Il avait plusieurs fois songé à se démettre de sa charge sous le prétexte qu'il n'était plus assez actif.

Dès le commencement du mois d'août, il éprouva des douleurs qui lui donnèrent le pressentiment de sa mort prochaine. Il s'entretenait de cette pensée avec ses amis.

Néanmoins, cet état maladif ne pouvait comprimer l'ardeur du pasteur et l'empêcher de s'occuper de tout ce que lui prescrivait son devoir. Il travailla tant qu'il put, prêchant, confessant, comme d'habitude ; il voulait tomber sous le fardeau.

On le pressait de prendre du repos. Aux observations qu'on lui adressait sur les soins dont il devait s'entourer dans l'intérêt de sa santé, il avait coutume de répondre :

« Que Dieu était bien le maître de le retirer quand
« il voudrait, mais que tant qu'il était curé de Saint-
« Didier, il se devait à sa paroisse. »

Sa vie s'en allait, les forces l'abandonnaient. Au
mois de septembre, et surtout au mois d'octobre, il
fut plusieurs fois forcé de ne point célébrer la sainte
messe. Le médecin avait jugé son état des plus
graves.

Le 22 novembre, il parut près de succomber. Le mal
faisait des progrès rapides ; à dix heures du soir, le
malade se trouva si fatigué, que l'on crut devoir lui
administrer les derniers sacrements.

Il ne mourut pas immédiatement ; mais il sentit
que les sources de la vie étaient totalement épuisées
et qu'il n'attendrait pas beaucoup encore.

Depuis ce moment, jusqu'à celui où son dernier
soupir a emporté sa dernière prière, un assez long
intervalle s'est écoulé. Son existence devint une véritable agonie. Gardant la magnanimité du courage
chrétien, il avait perdu successivement la force, le
travail, il perdit l'espérance de guérir. *La mort*, dit
Bossuet, *révèle le secret des cœurs*, c'est surtout lorsqu'elle emporte ainsi la vie par lambeaux qu'elle met
le cœur à nu et le fait voir tel qu'il est. La patience
de ce vénérable prêtre durant cette agonie de quatre
mois, sa fermeté et presque sa joie en présence de la
mort, ont confirmé tout ce que l'on savait de lui. Voilà
bien comme il devait mourir !

Pendant les dernières épreuves de sa maladie, il a
édifié tous ceux qui l'ont approché.

Il était atteint d'une affection qui lui ôtait presque tout le repos de la nuit. Ne pouvant rester couché sans se sentir suffoqué, il était obligé de rester assis sur son fauteuil le jour et la nuit. Malgré ses souffrances, pas une parole d'impatience ne lui échappait. Il voyait en paix arriver sa fin, offrant à Dieu ses douleurs. Il donnait avec joie sa vie, il voulait la donner.

Il avait pour remplir le ministère trois vicaires pleins de talent et de zèle, en qui il avait toute confiance ; il ne cessait pourtant lui-même de songer à sa paroisse et il regrettait de ne pouvoir s'en occuper davantage. Il disait quelquefois à ses collaborateurs :

« Vous ne faites pas comme moi, vous travaillez beaucoup, et, moi, je suis condamné à l'oisiveté. »

Le dimanche, 26 janvier, M. l'abbé Bringer qui avait prêché une si fructueuse retraite aux hommes, en lui disant adieu, le félicitait sur la vivacité des sentiments religieux de sa paroisse :

« Ah oui ! dit-il, ce peuple est bon, je l'aime bien. »

Il put dire une fois la sainte Messe pendant la semaine de Noël et il s'en montrait très heureux. Le jour de Noël, il fut triste de ne pouvoir assister à la Messe, et en parlant de la peine que cette privation lui causait, il avait les larmes aux yeux.

Le dimanche, 6 février, il lui fut possible de faire la communion à l'église, édifiant toute la paroisse. Le lendemain, 7 février, quoique ses forces ne fussent pas revenues, il voulut absolument célébrer la sainte Messe. Les instances pour l'en empêcher furent inutiles. Sa foi lui faisait illusion, l'illusion ne fut pas de longue durée. Il ne put terminer le saint Sacrifice qu'avec beaucoup de peine, et ce fut la dernière fois qu'il eut la force de se rendre à l'église.

Ses vicaires, et en particulier M. l'abbé Loudes qui seul habitait le presbytère, lui ont prodigué, pendant toute sa maladie, des soins pleins de tendresse et de respect.

Lui qui n'a jamais voulu faire épouver de la peine à personne et qui avait toujours mené une vie si édifiante, il demanda à plusieurs reprises pardon à ses collaborateurs du scandale qu'il avait pu leur donner et des peines qu'il leur avait causées. Ce fut une scène attendrissante que celle où ce saint vieillard s'humilia ainsi devant ceux qui ne connaissaient de lui que son bon cœur.

La maladie du curé était l'objet de toutes les conversations. La population ressemblait à une famille qui se voit sur le point d'être privée d'un père chéri. On s'abordait en se demandant de ses nouvelles et en s'entretenant de ses vertus.

Il ne cessa toute récitation de son bréviaire que trois semaines avant sa mort et encore sur l'invitation pressante qui lui était faite par son confesseur :

« Puisque c'est la volonté de Dieu, dit-il, qu'il en soit ainsi, je ferai ce sacrifice. »

Il adora la volonté de Dieu et se contenta de réciter son chapelet, seul acte de dévotion que son extrême faiblesse rendait possible. Il animait sa piété par la lecture de quelques passages des épîtres de Saint-Paul où il découvrait tout l'amour de Jésus-Christ pour les hommes.

Sa vie ne fut désormais qu'une prière. Sa physionomie se transfigurait à mesure qu'il voyait approcher le moment de sa délivrance.

Le 19 mars, fête de saint Joseph, il croyait mourir. Il voulut qu'on le mît propre comme pour un jour solennel. Il reçut la sainte Communion. De toute l'assistance, lui seul n'était pas ému ; il conservait sa douce sérénité et cette piété qu'il portait toujours dans les cérémonies religieuses.

Son heure n'était pas encore arrivée, il n'attendit pas longtemps.

Le 21 mars, après minuit, il se trouva plus mal. Il pria la religieuse qui le gardait, d'aller réveiller M. l'abbé Loudes pour qu'il lui récitât les prières de la bonne mort. Cet abbé venait à peine de se coucher et il avait peu dormi de plusieurs nuits. La religieuse le lui fit observer :

« Allez, dit-il doucement, c'est le dernier service que ce bon abbé me rendra, et je sais qu'il me le rendra avec plaisir. »

A quatre heures du matin, il le fit encore appeler. Il sentait qu'il allait mourir.

La vie abandonnait peu à peu ses extrémités, mais le cœur et l'intelligence restaient intacts, et il gardait toute sa connaissance.

Il avait constamment les yeux sur le crucifix, sur une image de saint Joseph, priant encore, priant toujours. Il est mort en priant. Un peu après dix heures du matin, il parut se laisser gagner par un doux sommeil, et il rendit sa belle âme à celui qui l'avait créée pour sa gloire.

C'est de tels hommes que l'ont peut dire qu'ils passent à un monde meilleur. Le saint curé entrait dans sa récompense. Il voyait le Dieu qu'il avait servi et aïmé. Il se présentait les mains pleines d'œuvres qui n'avaient pas reçu leur récompense. Heureux ceux qui, comme lui, au moment de quitter le monde, peuvent jeter un regard assuré sur tout leur passé, et n'y trouver que de nobles sentiments et de bonnes actions!

<h2 style="text-align:center">XI</h2>

La mort de ce bon vieillard, quoique prévue, fut un deuil public.

Le 24 mars, jour de sa mort, à la prière du soir, l'église était pleine. M. l'abbé Farissier annonça sa mort en paroles saisissantes. De tous les amis du vénérable défunt, aucun n'était plus capable de parler de lui en cette circonstance comme il convenait d'en parler. Enfant de Riotord, son ancien paroissien, cet excellent abbé l'avait beaucoup connu et par conséquent beaucoup aimé, et il lui avait été donné comme vicaire pour être la consolation de sa vieillesse. Il esquissa sa vie, toute vouée à Dieu, fit ressortir sa foi, son admirable piété, sa charité, sa simplicité, et répandit sur ce tableau quelque chose de l'émotion qui pleurait. Tous les cœurs étaient attendris, et de tous les yeux s'échappaient des larmes.

Rien d'humble, de modeste et de grandiose à la fois comme l'aspect de la chambre du vénérable curé pendant les deux jours qui ont suivi sa mort : un autel improvisé sur une table ; quatre flambeaux, une branche de buis trempée dans l'eau bénite. Lui, il n'a pu être étendu sur son lit à cause de la décomposition rapide de son corps, il est couché dans un cercueil découvert. Un crucifix est entre ses mains, tout près est son camail de chanoine usé. Une foule émue est agenouillée et prie à côté du cercueil. C'est toute sa vie que ces menus détails.

Il resta exposé le lundi soir et toute la journée du mardi. Les fidèles purent satisfaire leur piété et leurs regrets.

Tous ceux qui pénétraient dans cet appartement étaient saisis d'une profonde et religieuse emotion, leurs yeux se mouillaient de larmes, et ils ne s'avançaient qu'avec respect, comme sur le sol béni d'un sanctuaire. Là, en effet, avait vécu un saint, là avaient fleuri toutes les vertus, qui, pour faire le bien n'ont pas besoin de se produire avec éclat.

Pendant ces deux jours, la foule ne cessa de remplir l'appartement et de faire toucher au corps des médailles, des chapelets, des images et d'autres objets de piété. On avait confiance en lui comme en un saint.

Au dehors, la désolation était générale, chacun racontait quelque trait édifiant du vénéré pasteur.

Les pénitents blancs du Saint-Sacrement furent heureux de passer les deux nuits dans de saintes veilles à côté de ce précieux dépôt. Ils se relevaient d'heure en heure et chacun tenait à être fidèle au rendez-vous qui lui était assigné.

Les funérailles eurent lieu le 23 mars avec une pompe solennelle. Les restes du saint vieillard, portés par les pénitents blancs, quittaient le presbytère à neuf heures et demie, accompagnés des prières et des larmes des paroissiens. On voyait à ces funérailles, ce concours, ces regrets, cette vénération qui viennent illustrer la tombe des saints. Le cortége se composait d'un nombreux clergé et de toute la paroisse. Tous les habitants, sans exception, étaient debout pour dire un dernier adieu à leur pasteur, et formaient autour de son cercueil une immense couronne d'honneur.

La levée du corps fut faite par M. l'abbé Michel, curé de Saint-Just-Malmont, le plus ancien curé du canton, qui en cette qualité présidait la cérémonie. Le cortége, malgré la pluie et la neige, parcourut une partie des rues de la ville avant d'entrer à l'église.

Le deuil était conduit par MM. les abbés Farissier, Massardier et Loudes, vicaires du défunt.

La première messe fut dite par M. l'abbé Vérillac, chanoine d'honneur, et la seconde par M. l'abbé Michel, curé de Saint-Just, assistés l'un et l'autre de MM. les abbés Mourier, aumônier de l'Hôtel-Dieu, et Déléage, vicaire de Craponne, tous deux enfants de Saint-Didier.

M. l'abbé Barthélemy, chanoine d'honneur et supérieur du petit séminaire de Monistrol, fit l'absoute à l'église et au cimetière.

Après le chant du *libera*, le corps fut porté au cimetière par les jeunes gens de la congrégation de Saint-Louis-de-Gonzague, heureux d'avoir été jugés dignes de cet honneur.

Ceux qui ont assisté à ce touchant convoi ont pu croire que c'était un triomphe. Les triomphes de la vie appartiennent aux gens du monde ; ceux de la mort sont le partage des âmes saintes qui ont humblement servi Dieu et passé en faisant le bien.

La foule qui, ce jour-là, entourait le cercueil du saint vieillard, y jetait des louanges, elle y laissait tomber des larmes qui valent mieux que la gloire. De tels hommages, ratifiés par l'opinion publique, gardent un nom de l'oubli, et qui les reçoit peut croire qu'il n'a pas inutilement vécu.

Les restes du vénérable curé recevaient, sur leur passage, de la part de ceux qui n'avaient pu assister au convoi des témoignages de respect et d'amour.

Une bonne femme, toute émue, disait à son jeune enfant, en lui montrant le convoi, cette parole recueillie par un des assistants et qui était dans la pensée de tous :

« Regarde, mon ami, voilà un saint qui passe. »

Au cimetière, M. le maire de Saint-Didier-la-Séauve, paya à sa mémoire un tribut d'éloges auxquels tous les assistants s'associèrent. Je reproduis cette courte oraison funèbre, elle résume en peu de mots la vie du vénérable pasteur :

« Messieurs,

« La religion surtout aurait mission pour élever la voix en présence de ce cercueil, et une parole plus autorisée que la mienne pourrait seule faire l'oraison funèbre de notre regretté pasteur.

« Les meilleurs mots que je puisse rappeler pour cela sont ceux que celui que nous pleurons mettait si bien en pratique :

« Abnégation, zèle, amour et charité. »

« Pendant les 24 ans qu'il administra cette paroisse, qui mieux que lui en a fait l'application ? Sévère pour lui-même, il cachait sous sa rude enveloppe un fonds inépuisable de tolérance pour les autres. Pour nous tous qu'il appelait ses enfants, son zèle et son amour étaient sans bornes.

« Sa charité, qui donc a pu l'ignorer ? il meurt sans fortune. Tous les malheureux de sa paroisse connaissent seuls sa générosité et déplorent aujourd'hui sa mort, que tous nous redoutions.

« Mes paroles sont trop insuffisantes pour saluer une dernière fois son cercueil.

« Vénéré Pasteur, près de l'Eternel, dont vous fûtes parmi nous le ministre, veillez encore, veillez toujours sur ce troupeau que vous avez tant chéri. Inspirez-lui l'amour de l'union et de la concorde que vous prêchiez sans cesse. La foi robuste dont vous étiez si fortement pénétré, laisse au milieu de nous le souvenir impérissable de vos vertus, et votre esprit qui nous anime nous fait vous dire : Au revoir ! »

Si le saint vieillard avait pu se ranimer en face de cette multitude suppliante et de cet appel, de ses lèvres glacées il aurait laissé tomber cette parole : *Pax vobis; la paix soit avec vous;* ou bien cette belle re-recommandation de l'apôtre saint Jean, qu'il était dans l'habitude de répéter : *Diligite invicem ; aimez-vous les uns les autres.*

Après les dernières paroles de M. le maire, la foule s'écoula lentement, chacun repassant dans son esprit et gravant dans son cœur ce qu'il avait vu et entendu dans cette journée. On jetait un dernier regard sur la vie de ce prêtre vénéré, qui a donné de si grands exemples et qui laisse de si précieux et si impérissables souvenirs.

La mémoire de ses vertus ne disparaîtra point avec lui et les regrets que cause sa mort ne s'effaceront jamais dans cette terre qu'il a fécondée de ses sueurs, et où son corps reposera, honoré et béni, sous la garde de la piété filiale de paroissiens bien dignes de conserver cet inestimable dépôt.

FIN.

www.ingramcontent.com/pod-product-compliance
Lightning Source LLC
Chambersburg PA
CBHW051145050726
47594CB00003B/1253